AF279338

Mireia Guillamón Tierno

APULEYO EDICIONES   FOMENTO DE VALORES   CUENTOS ILUSTRADOS

MUNDO, NUESTRO PERRO MILAGRO

APULEYO EDICIONES   FOMENTO DE VALORES   CUENTOS ILUSTRADOS

PRÓLOGO

La autora, desde Montaña alta de Guía, en Gran Canaria, narra esta historia basada en hechos reales con su propia familia.

Tuvieron una vivencia tan fuerte y emotiva que sintió la necesidad de compartir la experiencia a través de este formato de cuento porque realmente fue un antes y un después para ellos.

Mireia, por otro lado, cree mucho en la energía de los lugares y el entorno, y por ello, destaca la magia de la isla de Gran Canaria, para ella, favorecedora de la historia de Mundo; algo de lo que se siente especialmente orgullosa.

Todo esto no sería posible sin el apoyo incondicional de mi marido, Marco,
que ha creído, valorado y empujado mi ilusión hasta hacerlo posible.
Agradezco la existencia de mis hijos, que son parte de la historia y sin ellos,
seguramente, no me hubiera ni siquiera inspirado para narrarla y darle cuerpo.
Vento, Fuego, Terra, me habéis abierto las puertas al mundo de los cuentos,
un viaje inesperado y a la vez entusiasmante.
¡Gracias, gracias, gracias!

Os voy a contar la historia de nuestro nuevo amigo Mundo, pero antes de llegar a él, debería empezar por presentaros a Dara.

Dara era nuestra perrita. Cuando mis hermanos y yo llegamos, ella ya formaba parte de esta familia desde hacía mucho tiempo.

Como vivimos en el campo, Dara tiene mucha libertad y muchos amigos.

De vez en cuando, veíamos cómo, de repente, nuestra casa se llenaba de otros perritos que venían a buscarla. Especialmente Duque, el perro del vecino de abajo de nuestra carretera.

De pronto, un día, mamá y papá vinieron a darnos una noticia, y es que Dara iba a ser mamá.

Fuimos al veterinario a hacerle una radiografía; es como una foto donde se ven cuántos cachorritos va a tener. Dara tenía cinco.

Era por la mañana muy temprano cuando llegó por fin el día del nacimiento. Parecía que Dara estaba esperando a que todos nos despertásemos para empezar a dar a luz a todos sus hijitos.

Así, pudimos acompañarla en ese gran momento.

Tengo que decir que fue muy pero que muy emocionante.

El primero fue toda una sorpresa, ya que, nada más saludarla por la mañana, a los pocos minutos apareció una criatura pequeñita y negra que Dara no paraba de lamer para limpiarlo y cuidarlo. Así fue como conocimos a Mundo.

Fue su primogénito y el único que nació con una manchita vertical blanca en el entrecejo. Era su marca especial.

Enseguida fueron apareciendo los otros cachorritos, uno a uno. Entre una espera y la otra, Dara se encargaba de limpiarlos muy a conciencia. Era toda una campeona.

Ese día tuvimos el regalo de ver algo tan mágico como el nacimiento de unos cachorritos preciosos.

Pero aquí no acaba nuestra historia, pasaron un par de meses en casa mientras Dara los amamantaba e iban creciendo y haciéndose más independientes. Cada vez que nos acercábamos, nos chupaban y mordisqueaban los pies. Era muy divertido, pero no podíamos quedarnos con todos aquellos perritos en casa. Por eso les buscamos a cada uno de ellos un hogar donde los iban a tratar con mucho amor.

Estábamos seguros de eso. A todos menos a Mundo, claro, que decidimos que se quedaba con nosotros.

Dara y Mundo estaban contentos y felices de estar juntos. Mundo ya era uno más de la familia: jugaba con los gatos a revolcarse, jugaba con nosotros a perseguirnos y comernos a besos con su lengua, pero lo que más le gustaba era vivir aventuras y explorar por los alrededores.

Mundo aún no conocía bien la zona e iba siempre pegado a su mamá para no perderse.

Un día fueron a dar una vuelta y llegaron más lejos de lo normal. Cuando mi mamá se dio cuenta de que no estaban en casa, los llamó y silbó muy fuerte, como solo ella sabe hacer. Esa era la manera de decirle a Dara y a Mundo que volvieran. Y Dara llegó a casa a los pocos minutos, pero Mundo se quedó atrás, seguramente despistado, y cuando fue a buscar a su mamá, ya no la encontró más. Como aún era pequeño, no se sabía bien el camino de vuelta.

Estuvimos buscándolo y silbando, gritando su nombre: "¡¡Mundo, Mundo, ven aquí!!".

Pero se hizo de noche y no regresó.

Esa noche fue muy triste para toda la familia. Estábamos muy preocupados por él y teníamos miedo de no volver a verlo. Pasaron los días y seguía sin aparecer.

Avisamos a todos los veterinarios, la perrera, la policía y hasta pusimos anuncios en las redes sociales. Se lo dijimos a todos los vecinos, cruzando los dedos para encontrarlo.

Nuestro papá siempre decía que sentía que estaba cerca, que tenía una sensación de que no andaba muy lejos, pero seguían pasando los días y no volvía.

Todos teníamos ganas de verlo. Era muy frustrante tener esa sensación y no poder hacer nada. Pero no había día que no pensáramos en él.

Pasado un mes, más o menos, estábamos volviendo a casa con el coche cuando, de repente, mamá pegó un grito: "¡Mundo!, ¡Mundo! ¡Para el coche, rápido!".

Se bajó de un salto del coche y rápidamente empezó a correr detrás de él para cogerlo mientras cruzaba la carretera, pero Mundo tenía mucho miedo y no nos reconoció.

Seguía corriendo y se adentró en una montaña muy alta con un acceso muy complicado para nosotros.

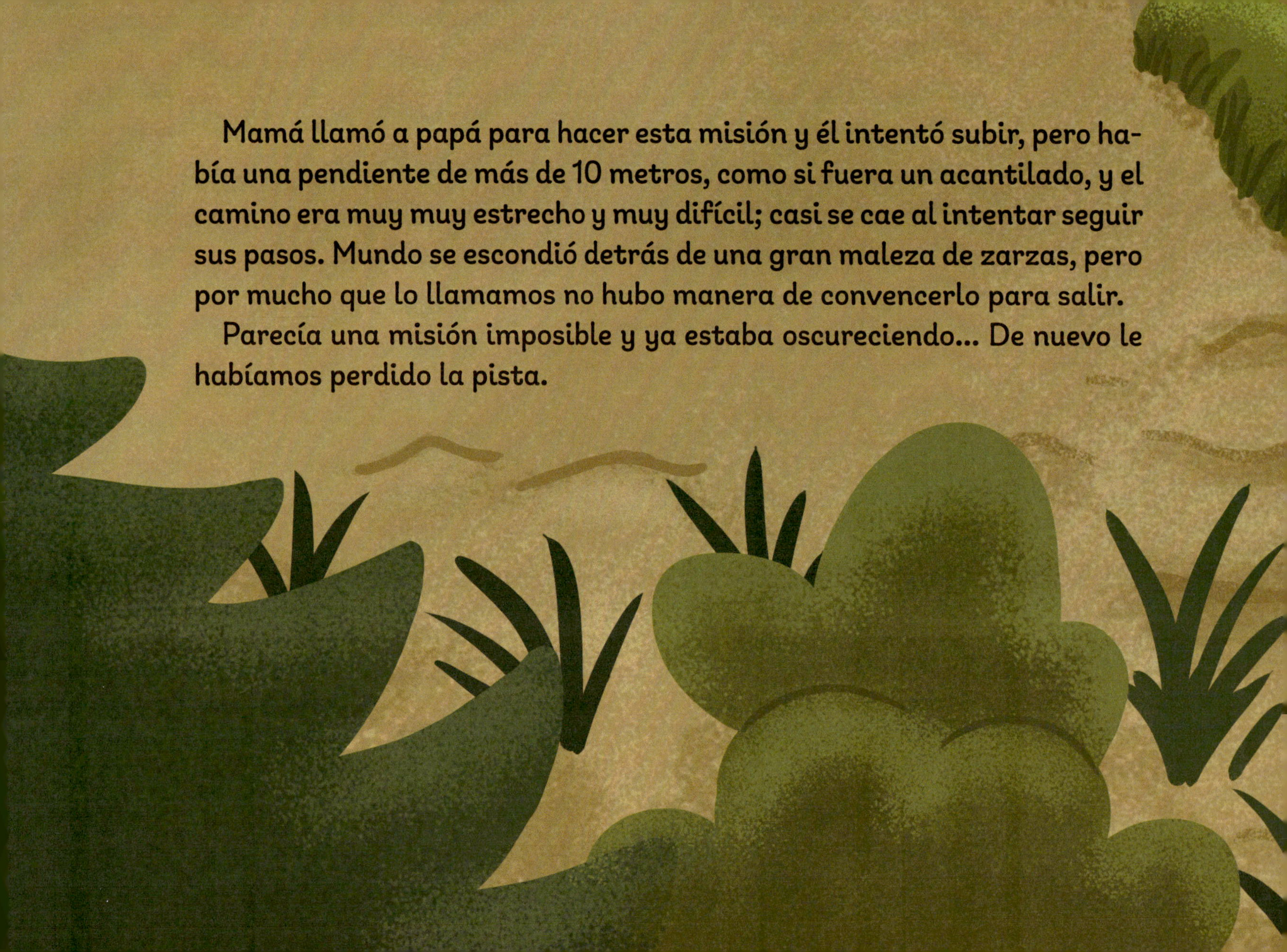

Mamá llamó a papá para hacer esta misión y él intentó subir, pero había una pendiente de más de 10 metros, como si fuera un acantilado, y el camino era muy muy estrecho y muy difícil; casi se cae al intentar seguir sus pasos. Mundo se escondió detrás de una gran maleza de zarzas, pero por mucho que lo llamamos no hubo manera de convencerlo para salir.

Parecía una misión imposible y ya estaba oscureciendo... De nuevo le habíamos perdido la pista.

Pero papá se fijó que había muchas caquitas pequeñas por esa zona y huellas por todas partes, eso nos hizo pensar que se estaba quedando ahí normalmente, además, al lado había una casa con un perrito y seguramente se sintió acompañado y le pareció un buen lugar para quedarse.

Tocamos el timbre de la casa para averiguar si, efectivamente, solía estar por ahí y lo habían visto, pero no había nadie y no nos quedó otra que dejar una nota con nuestro número de teléfono para que cuando volvieran los dueños, con un poco de suerte, pudieran ayudarnos.

No íbamos a perder la esperanza ni a abandonarlo ahora. Es más, haberlo visto nos quitó todas las dudas de que íbamos a recuperarlo y nos devolvió la esperanza de que todo era posible.

Al día siguiente por la mañana, mamá recibió la llamada. Era una pareja de ancianos y decían que lo veían siempre por ahí desde hacía un mes, justo el tiempo que llevaba fuera de casa.

Esa misma tarde, en cuanto comimos, fuimos toda la familia a ver si estaba por ahí de nuevo. Esta vez nos llevamos a Dara también.

Nada más bajar del coche, lo vimos, estaba arriba de esa montaña, tumbado y tomando el sol. Justo donde nos lo imaginábamos. Pero, claro, ¿cómo íbamos a hacer para que bajara? Papá ya intentó subir ayer y era muy peligroso...

Comenzamos a llamarlo con tono delicado y diciéndole cositas bonitas, además, llevamos también un poco de comida para llamarle la atención. Pero Mundo se mantenía tranquilito ahí arriba y no quería saber nada de nosotros. Fue entonces cuando sacamos a Dara del coche. Fue increíble porque, nada más salir, Mundo levantó las orejas y miró fijamente hacia nosotros, bajó un metro y se paró unos segundos, Dara ladró para llamarlo y Mundo empezó a bajar corriendo hasta que llegó a nosotros y pudimos cogerlo.

No dábamos crédito a lo que estaba pasando, fue muy emotivo. Nuestra mamá lloraba de alegría, estábamos todos super contentos, los dueños de la casa estaban ahí y también se alegraron del encuentro. La verdad que fue rapidísimo y más fácil de lo que nos imaginábamos, gracias al vínculo tan bonito que tenía con Dara, por fin, Mundo estaba con nosotros de nuevo.

Pobrecito, estaba muy muy delgado. Nos apresuramos a llevarlo a casa, le dimos una buena ducha y empezamos a darle de comer poco a poco pero sin parar.

En menos de dos semanas ya había recuperado su peso y la verdad es que había crecido bastante desde la última vez. Estaba guapísimo.

Se le veía muy contento de haber vuelto, hasta los gatos que tenemos en casa lo reconocieron y volvieron a jugar como antes. Con nosotros igual, desde que lo recogimos, venía a nosotros como solía hacerlo antes de que se perdiera.

La felicidad invadía nuestra casa. Y cada vez que mamá lo miraba, decía sonriendo: "Mundo es el perro milagro, y a partir de ahora, cada vez que algo se complique, me voy a acordar de él para sacar toda la fuerza que tenemos dentro". Papá pensaba igual, porque él desde el principio siempre dijo que sentía que no andaba muy lejos y que no podía ser que lo hubiéramos perdido...

Después de un mes, parecía imposible que lo encontrásemos donde vivimos, en Montaña de Alta Guía y sus alrededores, ya que está lleno de montañas y bosques, y analizando la situación, la verdad es que verlo justo en ese momento cruzando la carretera, en ese mismo instante que nosotros pasábamos, fue algo bastante improbable. Sin embargo, sucedió así.

Toda esta historia nos ha enseñado muchísimo, nos ha ayudado a confiar en la vida y a creer que todo es posible.

Mundo es nuestro perro milagro.

APULEYO
EDICIONES

MUNDO, NUESTRO PERRO MILAGRO

APULEYO EDICIONES   FOMENTO DE VALORES   CUENTOS ILUSTRADOS

Mireia Guillamón Tierno

APULEYO EDICIONES   FOMENTO DE VALORES   CUENTOS ILUSTRADOS